l'école - школа	2
le voyage - падарожжа	5
le transport - транспарт	8
la ville - горад	10
le paysage - краявід	14
le restaurant - рэстаран	17
le supermarché - супермаркет	20
les boissons - напоі	22
les aliments - ежа	23
la ferme - сядзіба	27
la maison - дом	31
la salle de séjour - жылы пакой	33
la cuisine - кухня	35
la salle de bains - ванная	38
la chambre d'enfant - дзіцячы пакой	42
les vêtements - адзенне	44
le bureau - офіс	49
l'économie - эканоміка	51
les professions - прафесіі	53
les outils - інструменты	56
les instruments de musique - музычныя інструменты	57
le zoo - заапарк	59
les sports - спорт	62
les activités - дзейнасць	63
la famille - сям'я	67
le corps - цела	68
l'hôpital - шпіталь	72
l'urgence - экстраная дапамога	76
la Terre - Зямля	77
l'heure - гадзіннік	79
la semaine - тыдзень	80
l'année - год	81
les formes - формы	83
les couleurs - колеры	84
les opposés - супрацьлегласці	85
les nombres - лічбы	88
les langues - мовы	90
qui / quoi / comment - хто / што / як	91
où - дзе	92

Impressum
Verlag: BABADADA GmbH, Nedderfeld 112 , 22529 Hamburg
Geschäftsführer / Verlagsleitung: Harald Hof
Druck: Books on Demand GmbH, In de Tarpen 42, 22848 Norderstedt

Imprint
Publisher: BABADADA GmbH, Nedderfeld 112 , 22529 Hamburg, Germany
Managing Director / Publishing direction: Harald Hof
Print: Books on Demand GmbH, In de Tarpen 42, 22848 Norderstedt

l'école
школа

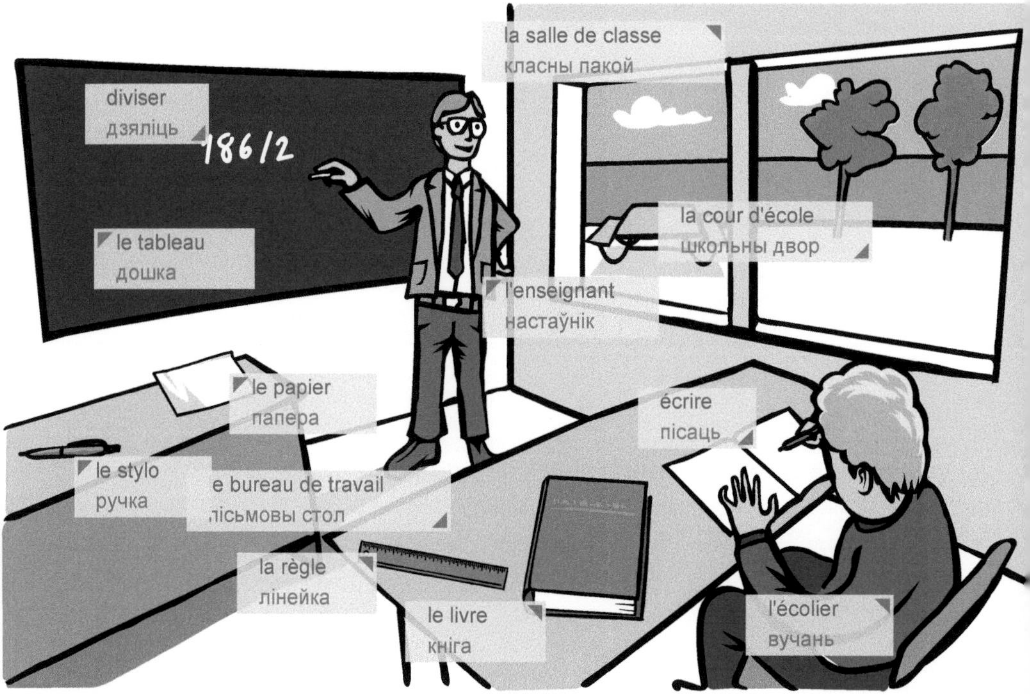

- diviser / дзяліць
- la salle de classe / класны пакой
- le tableau / дошка
- la cour d'école / школьны двор
- l'enseignant / настаўнік
- le papier / папера
- écrire / пісаць
- le stylo / ручка
- le bureau de travail / пісьмовы стол
- la règle / лінейка
- le livre / кніга
- l'écolier / вучань

le sac d'écolier

ранец

la trousse

пенал

le crayon

просты аловак

le taille-crayon

тачылка для алоўкаў

la gomme à effacer

гумка

le bloc de papier à dessin

альбом для малявання

le dessin
малюнак

le pinceau
пэндзлік

la boîte de peintures
фарбы

les ciseaux
нажніцы

la colle
клей

le cahier d'exercices
сшытак

les devoirs
хатняе заданне

le chiffre
лік

additionner
дадаваць

soustraire
адымаць

multiplier
множыць

calculer
лічыць

la lettre
літара

l'alphabet
алфавіт

le mot
слова

l'école - школа

  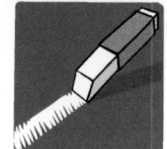

le texte	lire	la craie
тэкст	чытаць	крэйда

la leçon	le cahier de notes	l'examen
ўрок	класны журнал	экзамен

le certificat	l'uniforme scolaire	l'éducation
атэстат	школьная форма	адукацыя

l'encyclopédie	l'université	le microscope
энцыклапедыя	універсітэт	мікраскоп

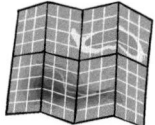 

la carte	la corbeille à papier
карта	смеццевы кошык

l'école - школа

le voyage
падарожжа

l'hôtel
гатэль

l'auberge
хостэл

le bureau de change
абменны пункт

la valise
чамадан

la voiture
аўтамабіль

la langue
мова

oui / non
так / не

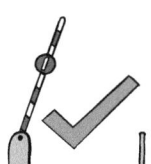

Okay
добра

Allo!
прывітанне!

le traducteur
перакладчык

Merci
дзякуй

le voyage - падарожжа

Combien coûte...?

Колькі каштуе....?

Je ne comprends pas

я не разумею

le problème

праблема

Bonsoir !

Добры вечар!

Bonjour !

Добрай раніцы!

Bonne nuit !

Дабранач!

bye bye

да пабачэння

la direction

кірунак

les bagages

багаж

le sac

сумка

le sac à dos

заплечнік

l'invité

госць

la pièce

пакой

le sac de couchage

спальны мяшок

la tente

палатка

le voyage - падарожжа

le bureau d'information touristique

інфармацыя для турыстаў

la plage

пляж

la carte de crédit

крэдытная картка

le déjeuner

сняданне

le dîner

абед

le souper

вячэра

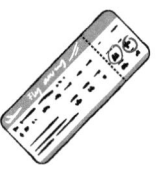

le billet

праязны білет

l'ascenseur

ліфт

le timbre

паштовая марка

la frontière

мяжа

la douane

мытня

l'ambassade

пасольства

le visa

віза

le passeport

пашпарт

le voyage - падарожжа

le transport
транспарт

l'avion
самалёт

le navire
карабель

le camion d'incendie
пажарная машына

l'autobus
аўтобус

le camion
грузавік

le bateau à moteur
маторная лодка

le vélo
ровар

la voiture
аўтамабіль

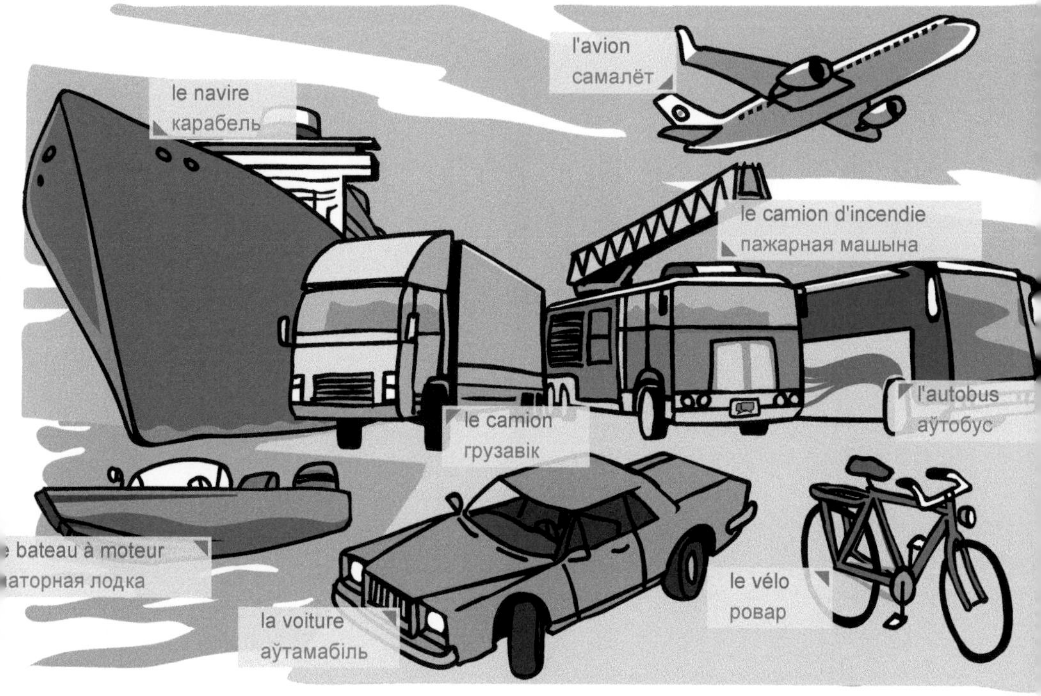

le traversier
паром

le bateau
лодка

la motocyclette
матацыкл

la voiture de police
паліцэйская машына

la voiture de course
гоначны аўтамабіль

la voiture de location
арэндаваны аўтамабіль

8   le transport - транспарт

l'autopartage

сумеснае карыстанне аўтамабілем

la dépanneuse

эвакуатар

le camion à ordures

смеццявоз

le moteur

матор

le carburant

паліва

la station-service

запраўка

le panneau de signalisation

дарожны знак

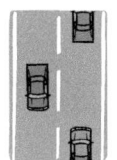

la circulation

дарожны рух

l'embouteillage

затор

le parc de stationnement

паркоўка

la gare

чыгуначная станцыя

les voies ferrées

рэйкі

le train

цягнік

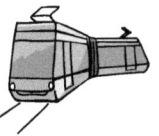

le tramway

трамвай

le wagon

вагон

le transport - транспарт

l'hélicoptère

верталёт

l'aéroport

аэрапорт

la tour

вежа

le passager

пасажыр

le conteneur

кантэйнер

la boîte en carton

кардонная скрыня

le chariot

тачка

le panier

карзіна

décoller / atterrir

ўзлятаць / прызямляцца

la ville
горад

le village

вёска

le centre-ville

цэнтр горада

la maison

дом

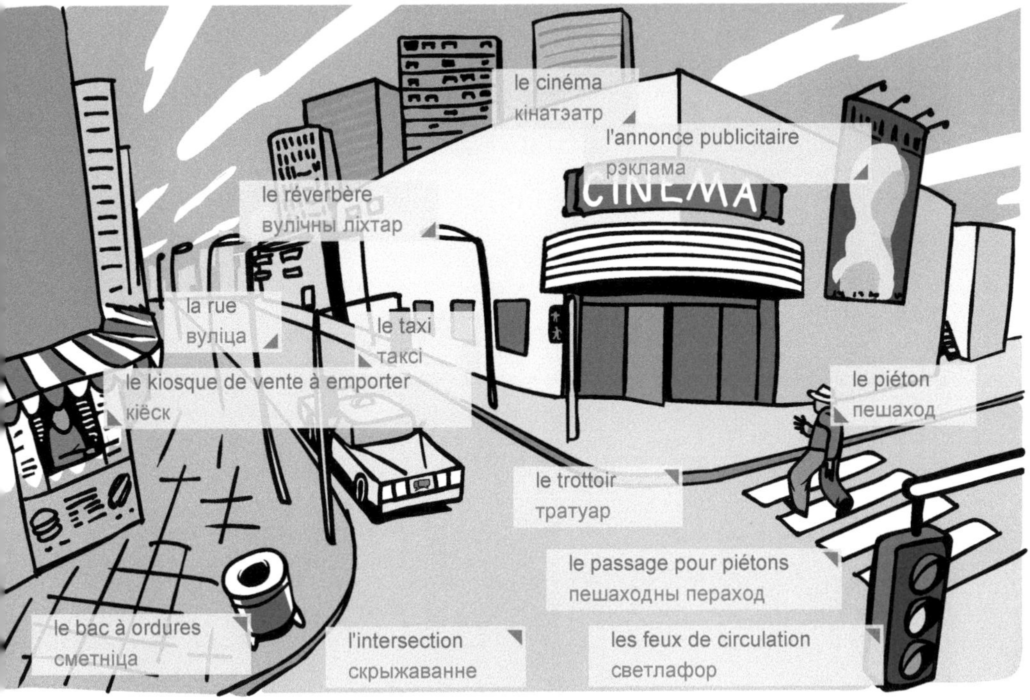

le cinéma
кінатэатр

l'annonce publicitaire
рэклама

le réverbère
вулічны ліхтар

la rue
вуліца

le taxi
таксі

le kiosque de vente à emporter
кіёск

le piéton
пешаход

le trottoir
тратуар

le passage pour piétons
пешаходны пераход

le bac à ordures
сметніца

l'intersection
скрыжаванне

les feux de circulation
светлафор

la cabane

халупа

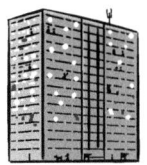

l'appartement

кватэра

la gare

чыгуначная станцыя

l'hôtel de ville

ратуша

le musée

музей

l'école

школа

la ville - горад

l'université
універсітэт

la banque
банк

l'hôpital
шпіталь

l'hôtel
гатэль

la pharmacie
аптэка

le bureau
офіс

la librairie
кнігарня

le magasin
крама

le fleuriste
кветкавая крама

le supermarché
супермаркет

le marché
кірмаш

le grand magasin
універмаг

la poissonnerie
рыбная крама

le centre commercial
гандлевы цэнтр

le port
порт

la ville - горад

le parc

парк

le banc

лава

le pont

мост

les escaliers

лесвіца

le métro

метро

le tunnel

тунэль

l'arrêt d'autobus

прыпынак

le bar

бар

le restaurant

рэстаран

la boîte à lettres

паштовая скрыня

la plaque de rue

вулічны паказальнік

le parcomètre

паркамат

le zoo

заапарк

les bains publics

басейн

la mosquée

мячэць

la ville - горад

la ferme
сядзіба

la pollution
забруджванне навакольнага асяроддзя

le cimetière
могілкі

l'église
царква

l'aire de jeux
пляцоўка для гульні

le temple
храм

le paysage
краявід

- la feuille — ліст
- le panneau indicateur — паказальнік
- le chemin — дарога
- le pré — луг
- la pierre — камень
- l'arbre — дрэва
- le randonneur — падарожнік
- la rivière — рака
- l'herbe — трава
- la fleur — кветка

la vallée
даліна

la colline
гара

le lac
возера

la forêt
лес

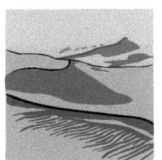
le désert
пустыня

le volcan
вулкан

le château
замак

l'arc-en-ciel
вясёлка

le champignon
грыб

le palmier
пальма

le moustique
камар

la mouche
муха

la fourmi
мурашка

l'abeille
пчала

l'araignée
павук

le paysage - краявід

le scarabée
жук

la grenouille
жаба

l'écureuil
вавёрка

le hérisson
вожык

le lièvre
заяц

la chouette
сава

l'oiseau
птушка

le cygne
лебедзь

le sanglier
дзік

le cerf
алень

l'orignal
лось

le barrage
плаціна

l'éolienne
вятрак

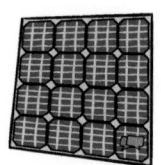

le panneau solaire
сонечная батарэя

le climat
клімат

le paysage - краявід

le restaurant
рэстаран

- le serveur / афіцыянт
- le menu / меню
- la chaise / крэсла
- la soupe / суп
- la coutellerie / сталовыя прыборы
- la pizza / піца
- la nappe / абрус

les hors-d'œuvre
закуска

le plat principal
другая страва

le dessert
дэсерт

les boissons
напоі

les aliments
ежа

la bouteille
бутэлька

le restaurant - рэстаран

la restauration rapide

хуткае харчаванне (фаст-фуд)

la cuisine de rue

стрыт-фуд

la théière

імбрык (чайнік)

le sucrier

цукарніца

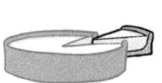

la part

порцыя

la machine à expresso

эспрэса-машына

la chaise haute d'enfant

дзіцячае крэселка

la facture

рахунак

le plateau

паднос

le couteau

нож

la fourchette

відэлец

la cuillère

лыжка

la cuillère à thé

чайная лыжка

la serviette

сурвэтка

le verre

шклянка

le restaurant - рэстаран

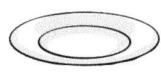		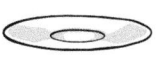
l'assiette	l'assiette creuse	la soucoupe
талерка	супавая талерка	сподак

la sauce	la salière	le moulin à poivre
соус	сальніца	млынок для перцу
		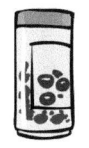
le vinaigre	l'huile	les épices
воцат	алей	спецыі

le ketchup	la moutarde	la mayonnaise
кетчуп	гарчыца	маянэз

le supermarché
супермаркет

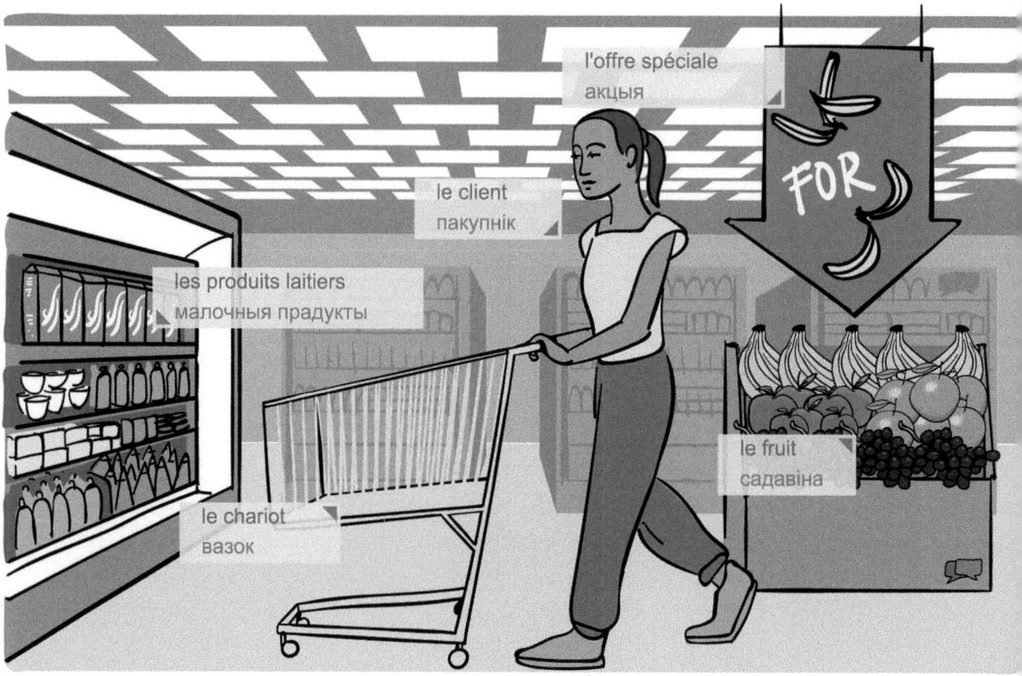

l'offre spéciale
акцыя

le client
пакупнік

les produits laitiers
малочныя прадукты

le fruit
садавіна

le chariot
вазок

la boucherie
мясная крама

la boulangerie
хлебны магазін

peser
важыць

les légumes
гародніна

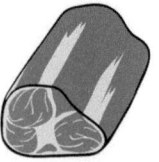

la viande
мяса

les aliments congelés
свежазамарожаныя прадукты

les viandes froides

нарэзка

les conserves

кансервы

le détergent à lessive en poudre

пральны парашок

les sucreries

прысмакі

les produits d'entretien ménager

хатнія прылады

les produits d'entretien

чысцячы сродак

la vendeuse

прадавец

la caisse

каса

le caissier

касір

la liste de provisions

спіс пакупак

les heures d'ouverture

гадзіны працы

le portefeuille

бумажнік

la carte de crédit

крэдытная картка

le sac

сумка

le sac plastique

пакет

le supermarché - супермаркет

les boissons
напоі

l'eau
вада

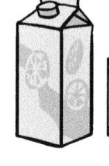
le jus
сок

le lait
малако

le cola
кола

le vin
віно

la bière
піва

l'alcool
алкаголь

le cacao
какава

le thé
гарбата (чай)

le café
кава

l'expresso
эспрэса

le cappuccino
капучына

les aliments
ежа

la banane
банан

la pomme
яблык

l'orange
апельсін

le melon d'eau
дыня

le citron.
лімон

la carotte
морква

l'ail
часнок

le bambou
бамбук

l'oignon
цыбуля

le champignon
грыб

les noix
арэхі

les nouilles
локшына

les spaghettis	le riz	la salade
спагеці	рыс	салата

les frites	les pommes de terre sautées	la pizza
бульба фры	смажаная бульба	піца

le hamburger	le sandwich	l'escalope
гамбургер	бутэрброд	шніцаль

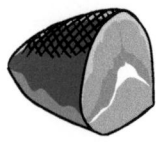

le jambon	le salami	la saucisse
вяндліна	салямі	каўбаса

le poulet	le rôti	le poisson
курыца	смажаніна	рыбак

les aliments - ежа

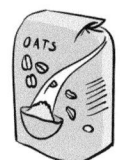
le gruau d'avoine
аўсяныя камякі

le muesli
мюслі

les flocons de maïs
кукурузныя шматкі

la farine
мука

le croissant
круасан

le petit pain
булачка

le pain
хлеб

la rôtie
тост

les biscuits
пячэнне

le beurre
масла

le caillé
тварог

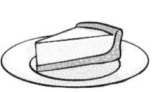
le gâteau
пірог

l'œuf
яйка

l'œuf miroir
яечня

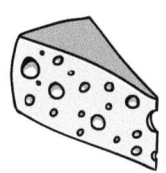
le fromage
сыр

les aliments - ежа

la crème glacée
марожанае

le sucre
цукар

le miel
мёд

la confiture
варэнне

la crème de nougat
нуга

le cari
кары

la ferme
сядзіба

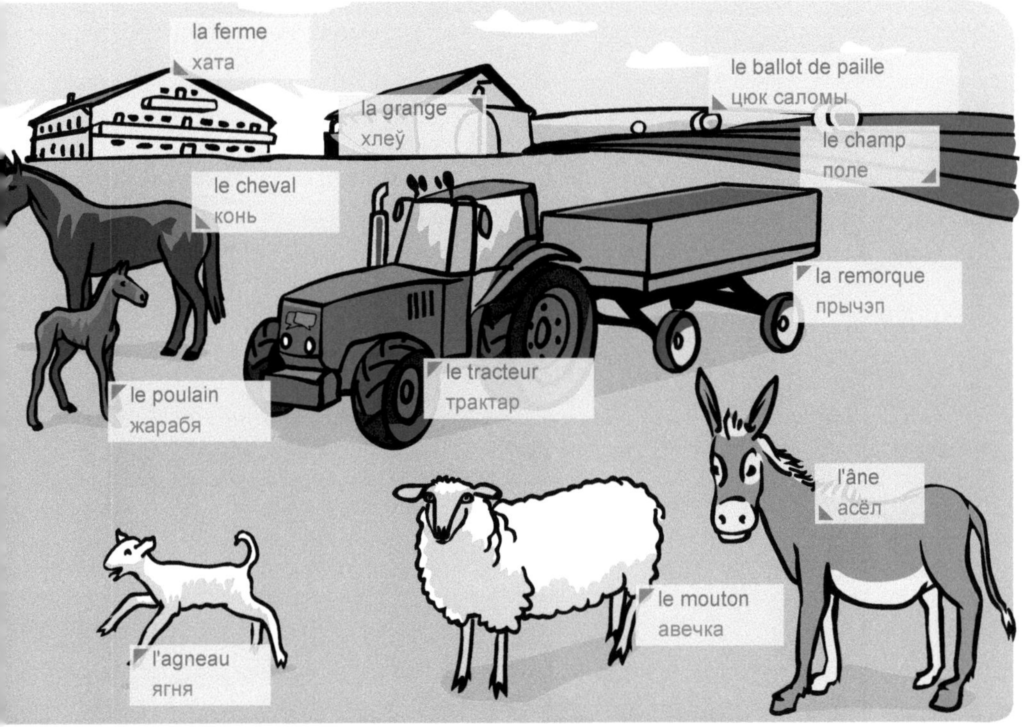

- la ferme — хата
- le ballot de paille — цюк саломы
- la grange — хлеў
- le champ — поле
- le cheval — конь
- la remorque — прычэп
- le poulain — жарабя
- le tracteur — трактар
- l'âne — асёл
- l'agneau — ягня
- le mouton — авечка

la chèvre
каза

la vache
карова

le veau
цяля

le porc
свіння

le porcelet
парася

le taureau
бык

l'oie

гусак

le canard

качка

le poussin

кураня

la poule

курыца

le coq

певень

le rat

пацук

le chat

кот

la souris

мыш

le bœuf

вол

le chien

сабака

la niche

сабачая будка

le tuyau d'arrosage

садовы шланг

l'arrosoir

палівачка

la faux

каса

la charrue

плуг

la ferme - сядзіба

la faucille
серп

la binette
матыка

la fourche à foin
вілы для гною

la hache
сякера

la brouette
тачка

l'auge
карыта

le pot à lait
бітон для малака

le grand sac
мех

la clôture
плот

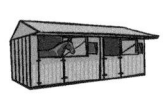

l'écurie
хлеў

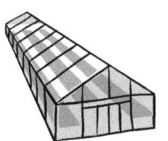

la serre
цяпліца

le sol
глеба

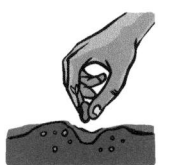

les graines
насенне

l'engrais
угнаенне

la moissonneuse-batteuse
камбайн

la ferme - сядзіба

récolter
збіраць ураджай

la récolte
ураджай

l'igname
ямс

le blé
пшаніца

le soja
соя

la pomme de terre
бульба

le maïs
кукуруза

la graine de colza
рапс

l'arbre fruitier
садовае дрэва

le manioc
маніёк

les grains
збожжа

la ferme - сядзіба

la maison
дом

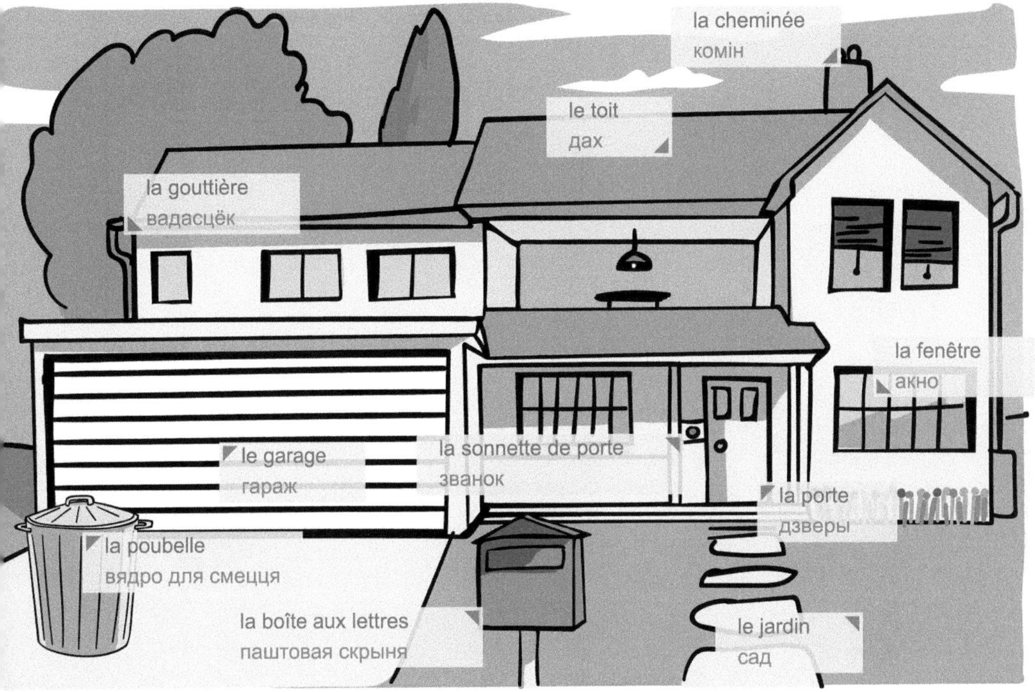

- la cheminée — комін
- le toit — дах
- la gouttière — вадасцёк
- la fenêtre — акно
- le garage — гараж
- la sonnette de porte — званок
- la porte — дзверы
- la poubelle — вядро для смецця
- la boîte aux lettres — паштовая скрыня
- le jardin — сад

la salle de séjour
жылы пакой

la salle de bains
ванная

la cuisine
кухня

la chambre à coucher
спальны пакой

la chambre d'enfant
дзіцячы пакой

la salle à manger
сталоўка

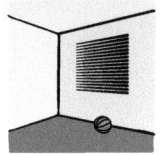
le plancher
падлога

le mur
сцяна

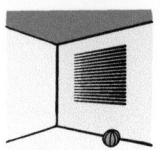
le plafond
столь

le cellier
падвал

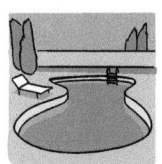
le sauna
саўна

le balcon
балкон

la terrasse
тэраса

la piscine
басейн

la tondeuse à gazon
касілка

le drap
падкоўдранік

le jeté de lit
коўдра

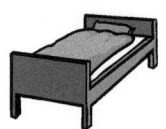
le lit
ложак

le balai
венік

le seau
вядро

l'interrupteur
выключальнік

la maison - дом

la salle de séjour
жылы пакой

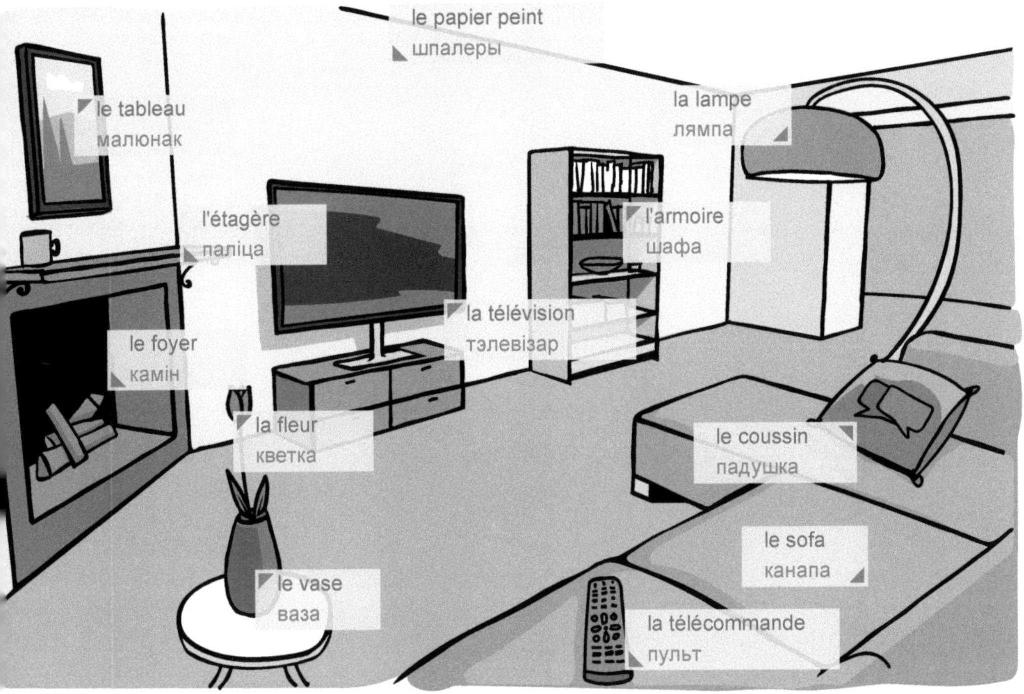

le papier peint / шпалеры
le tableau / малюнак
la lampe / лямпа
l'étagère / паліца
l'armoire / шафа
le foyer / камін
la télévision / тэлевізар
la fleur / кветка
le coussin / падушка
le vase / ваза
le sofa / канапа
la télécommande / пульт

le tapis
дыван

le rideau
фіранка

la table
стол

la chaise
крэсла

la berceuse
крэсла-качалка

le fauteuil
крэсла

le livre
кніга

la couverte
коўдра

la décoration
дэкарацыя

le bois de chauffage
дровы

le film
кіно

la chaîne hi-fi
стэрэасістэма

la clé
ключ

le journal
газета

la peinture
карціна

l'affiche
постар

la radio
радыё

le bloc-notes
нататнік

l'aspirateur
пыласос

le cactus
кактус

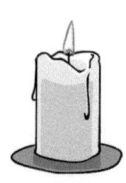
la chandelle
свечка

la salle de séjour - жылы пакой

la cuisine
кухня

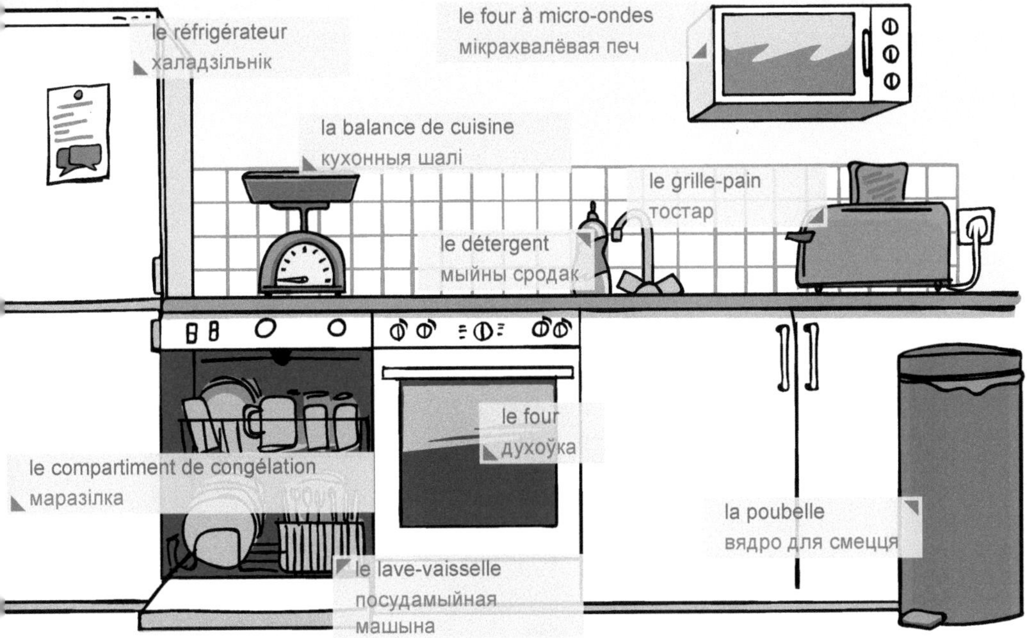

le réfrigérateur
халадзільнік

le four à micro-ondes
мікрахвалёвая печ

la balance de cuisine
кухонныя шалі

le grille-pain
тостар

le détergent
мыйны сродак

le four
духоўка

le compartiment de congélation
маразілка

la poubelle
вядро для смецця

le lave-vaisselle
посудамыйная машына

la cuisinière

пліта

la marmite

рондаль

la cocotte en fonte

чыгунок

le wok/kadai

Вок / кадаі

la poêle

патэльня

la bouilloire

чайнік

la cuisine - кухня   35

le cuiseur à vapeur

параварка

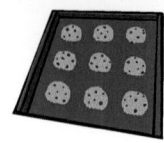

la plaque à patisserie

бляха

la vaisselle

посуд

la grande tasse

кубак

le bol

міска

les baguettes

палачкі для ежы

la louche

чарпак

la spatule

лапатачка

le fouet

збівалка

la passoire

сіта для варэння

le tamis

сіта

la râpe

тарка

le mortier

ступка

le barbecue

грыль

le foyer

вогнішча

la cuisine - кухня

la planche à découper

дошка

le rouleau à pâtisserie

качалка

le tire-bouchon

штопар

la boîte à conserves

бляшанка

l'ouvre-boîte

адкрывалка

la mitaine de four

прыхваткі

l'évier

ракавіна

la brosse

шчотка

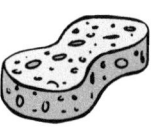

l'éponge

губка

le mélangeur

міксер

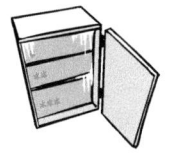

le congélateur

маразільная камера

le biberon

бутэлечка

le robinet

вадаправодны кран

la cuisine - кухня

la salle de bains
ванная

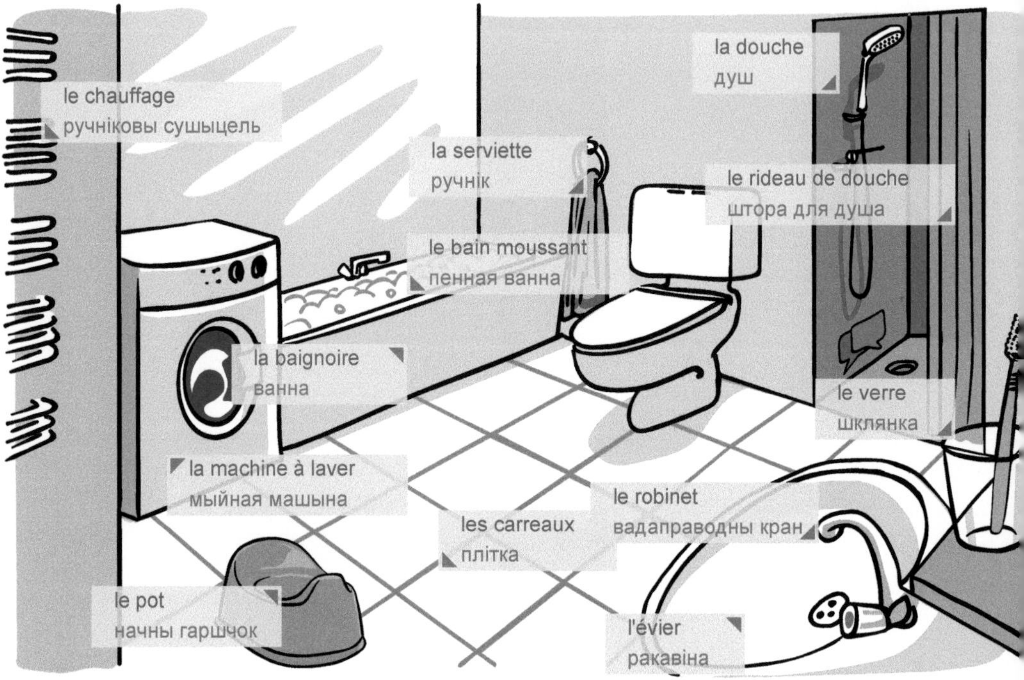

- le chauffage — ручнiковы сушыцель
- la douche — душ
- la serviette — ручнiк
- le rideau de douche — штора для душа
- le bain moussant — пенная ванна
- la baignoire — ванна
- le verre — шклянка
- la machine à laver — мыйная машына
- le robinet — вадаправодны кран
- les carreaux — плiтка
- le pot — начны гаршчок
- l'évier — ракавiна

la toilette
туалет

la toilette turque
падлогавы ўнiтаз

le bidet
бiдэ

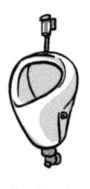

l'urinoir
пiсуар

le papier hygiénique
туалетная папера

la brosse à toilette
шчотка для чысткi ўнiтаза

la brosse à dents
зубная шчотка

le dentifrice
зубная паста

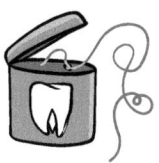
la soie dentaire
зубная нітка

laver
мыць

la douchette
ручны душ

la douche vaginale
інтымны душ

la cuvette
умывальнік

la brosse pour le dos
шчотка для спіны

le savon
мыла

le gel douche
гель для душа

le shampooing
шампунь

la débarbouillette
вяхотка

le drain
вадасцёк

la crème
крэм

le déodorant
дэзадарант

la salle de bains - ванная

le miroir
люстэрка

le miroir à main
касметычнае люстэрка

le rasoir
станок для галення

la mousse à raser
пена для галення

l'après-rasage
ласьён пасля галення

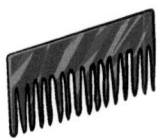
le peigne
грэбень

la brosse
шчотка

le sèche-cheveux
фен

la laque
лак для валасоў

le maquillage
касметыка

le rouge à lèvres
памада

le vernis à ongles
лак для пазногцяў

l'ouate
вата

les ciseaux à ongles
манікюрныя нажніцы

le parfum
духі

la salle de bains - ванная

la trousse de toilette

касметычка

le tabouret

табурэтка

le pèse-personne

вагі

le peignoir

лазневы халат

les gants de caoutchouc

санітарныя пальчаткі

le tampon

тампон

les serviettes hygiéniques

гігіенічныя пракладкі

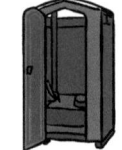

la toilette chimique

біятуалет

la chambre d'enfant
дзіцячы пакой

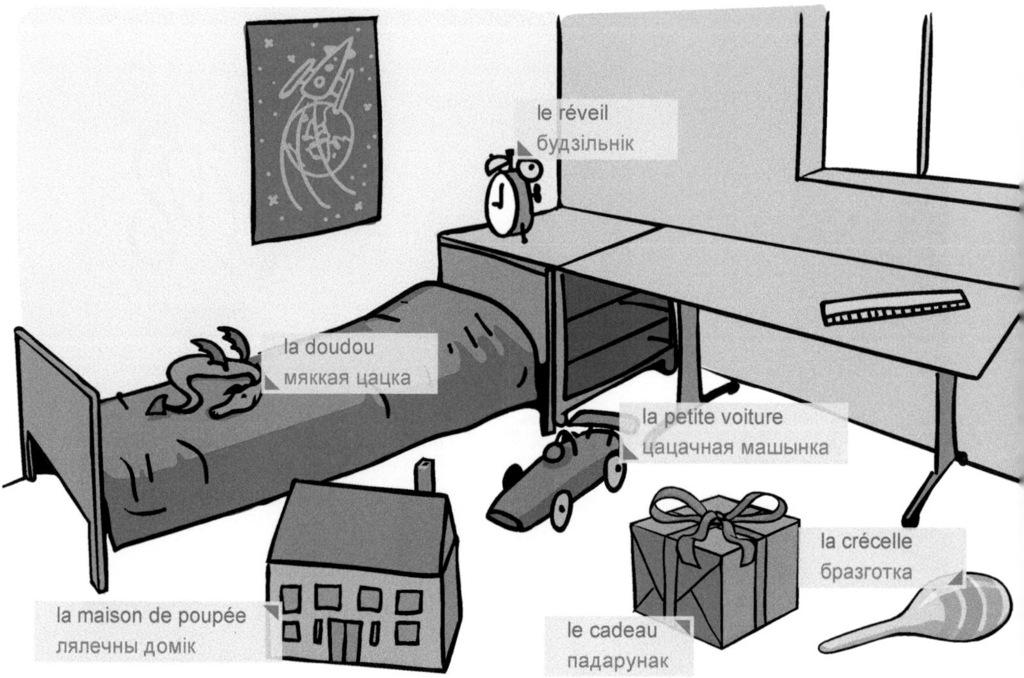

- le réveil — будзільнік
- la doudou — мяккая цацка
- la petite voiture — цацачная машынка
- la crécelle — бразготка
- la maison de poupée — лялечны домік
- le cadeau — падарунак

le ballon
надзіманы шарык

le lit
ложак

le landau
дзіцячая каляска

le jeu de cartes
калода картаў

le casse-tête
пазл

la bande dessinée
комікс

les blocs LEGO

канструктар "Лега"

le jeu de briques

канструктар

la figurine articulée

экшэн-фігурка

la dormeuse

дзіцячы гарнітур

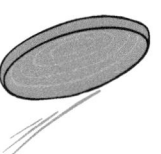

le disque volant

фрызбі

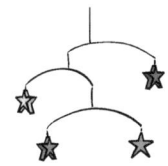

le mobile

дзіцячы мабіль

le jeu de société

настольная гульня

le dé

кубік

l'ensemble de modèles de train

дзіцячая чыгунка

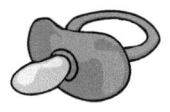

le mannequin

пустышка

la fête

дзіцячае свята

le livre d'images

кніга з малюнкамі

la balle

мячык

la poupée

лялька

jouer

гуляцца

la chambre d'enfant - дзіцячы пакой

le bac à sable — пясочніца

la balançoire — арэлі

les jouets — цацкі

la console de jeu vidéo — гульнявая відэа прыстаўка

le tricycle — трохколавы ровар

l'ours en peluche — плюшавы мішка

la garde-robe — шафа

les vêtements
адзенне

les chaussettes — шкарпэткі

les bas — панчохі

le collant — калготкі

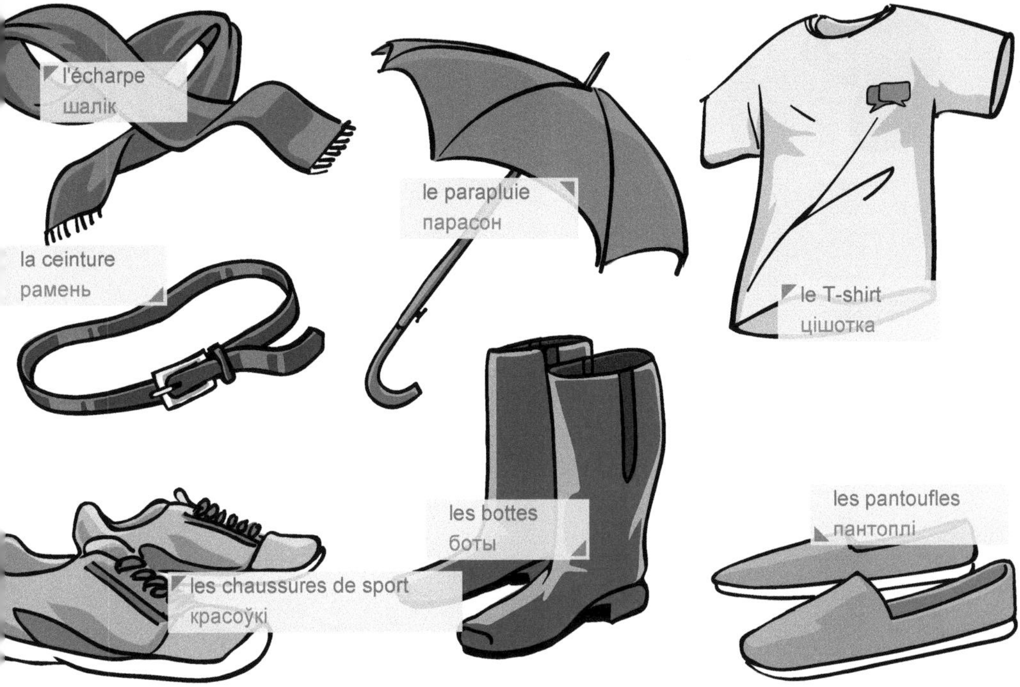

l'écharpe
шалік

le parapluie
парасон

le T-shirt
цішотка

la ceinture
рамень

les bottes
боты

les pantoufles
пантоплі

les chaussures de sport
красоўкі

les sandales
сандалі

les souliers
абутак

les bottes de caoutchouc
гумовыя боты

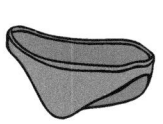

les sous-vêtements
трусы

le soutien-gorge
бюстгальтар

le gilet
майка

les vêtements - адзенне

le body
бодзі

le pantalon
штаны

le jean
джынсы

la jupe
спадніца

le chemisier
блузка

la chemise
кашуля

le chandail
джэмпер

le chandail à capuche
талстоўка

le blazer
блэйзер

la veste
куртка

le manteau
паліто

le manteau de pluie
дажджавік

le complet
касцюм

la robe
сукенка

la robe de mariée
вясельная сукенка

les vêtements - адзенне

le tailleur

касцюм

la chemise de nuit

начная сарочка

le pyjama

піжама

le sari

сары

le foulard

хустка

le turban

цюрбан

la burqa

паранджа

le cafetan

каптан

l'abaya

Абая

le maillot de bain

купальнік

le maillot short

плаўкі

la culotte courte

шорты

le survêtement

спартыўны касцюм

le tablier

фартух

les mitaines

пальчаткі

le bouton

гузік

les lunettes

акуляры

le bracelet

бранзалет

le collier

каралі

la bague

кальцо

la boucle d'oreille

завушніца

la tuque

кепка

le cintre

вешалка

le chapeau

капялюш

la cravate

гальштук

la fermeture à glissière

маланка

le casque

шлем

les bretelles

падцяжкі

l'uniforme scolaire

школьная форма

l'uniforme

уніформа

les vêtements - адзенне

le bavoir

нагруднік

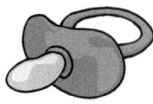

le mannequin

пустышка

la couche

падгузнік

le bureau
офіс

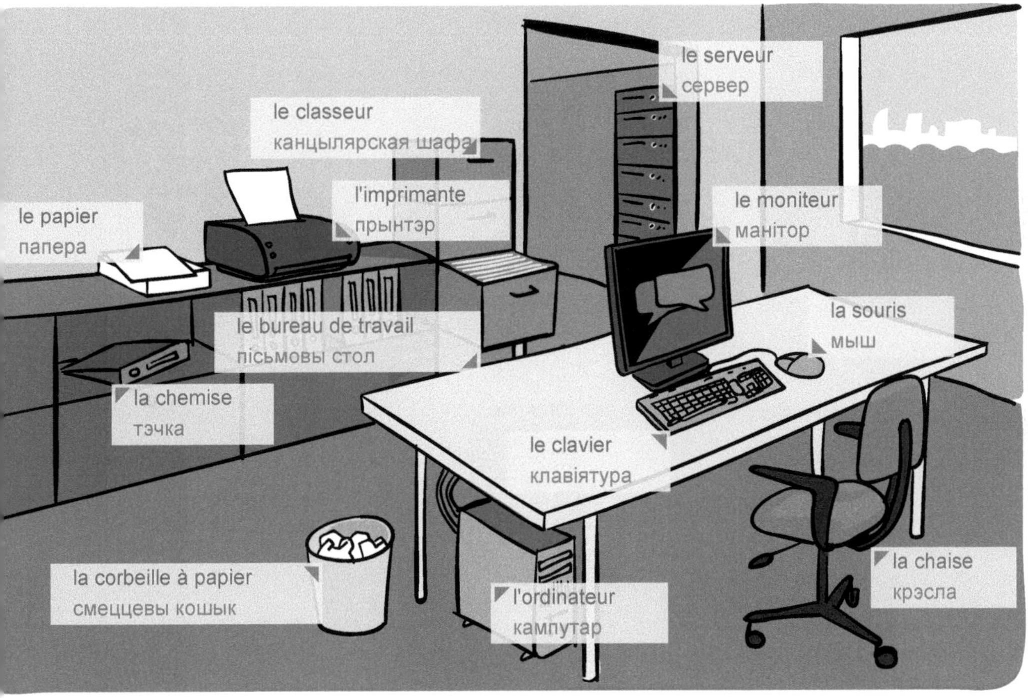

- le serveur — сервер
- le classeur — канцылярская шафа
- l'imprimante — прынтэр
- le moniteur — манітор
- le papier — папера
- la souris — мыш
- le bureau de travail — пісьмовы стол
- la chemise — тэчка
- le clavier — клавіятура
- la corbeille à papier — смеццевы кошык
- l'ordinateur — кампутар
- la chaise — крэсла

la grande tasse à café

убак для кавы (філіжанка)

la calculatrice

калькулятар

l'Internet

інтэрнэт

l'ordinateur portable

ноўтбук

la lettre

ліст

le message

паведамленне

le téléphone cellulaire

мабільны тэлефон

le réseau

сетка

le photocopieur

ксеракс

le logiciel

праграмнае забеспячэнне

le téléphone

тэлефон

la prise de courant

разетка

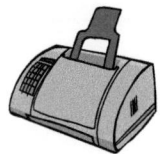

le télécopieur

факс

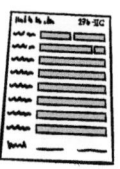

le formulaire

фармуляр

le document

дакумент

le bureau - офіс

l'économie
эканоміка

acheter
купляць

payer
плаціць

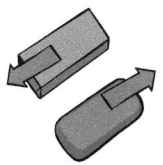
commercer
гандляваць

l'argent
грошы

le dollar
долар

l'euro
еўра

le yen
ена

le rouble
рубель

le franc suisse
франк

le renminbi yuan
кітайскі юань

la roupie
рупія

le distributeur de billets
банкамат

le bureau de change

абменны пункт

l'or

золата

l'argent

срэбра

le pétrole

нафта

l'énergie

энергія

le prix

цана

le contrat

кантракт

la taxe

падатак

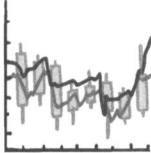

les actions

акцыя

travailler

працаваць

l'employé

служачы

l'employeur

працадаўца

l'usine

фабрыка

le magasin

крама

les professions
прафесіі

l'agent de police
паліцыянт

le pompier
пажарны

le cuisinier
кухар

le docteur
доктар

le pilote
пілот

le jardinier
садоўнік

le charpentier
слесар

le couturier
швачка

le juge
суддзя

le pharmacien
хімік

l'acteur
артыст

le chauffeur d'autobus

кіроўца аўтобуса

le chauffeur de taxi

таксіст

le pêcheur

рыбак

la femme de ménage

прыбіральшчыца

le couvreur

страхар

le serveur

афіцыянт

le chasseur

паляўнічы

le peintre

мастак

le boulanger

пекар

l'électricien

электрык

le constructeur de bâtiments

будаўнік

l'ingénieur

інжынер

le boucher

мяснік

le plombier

сантэхнік

le facteur

паштальён

le soldat

салдат

l'architecte

архітэктар

le caissier

касір

le fleuriste

фларыст

le coiffeur

цырульнік

le chef de train

кандуктар

le mécanicien

механік

le capitaine

капітан

le dentiste

стаматолаг

le scientifique

вучоны

le rabbin

рабін

l'imam

імам

le moine

манах

l'ecclésiastique

святар

les professions - прафесіі

les outils
інструменты

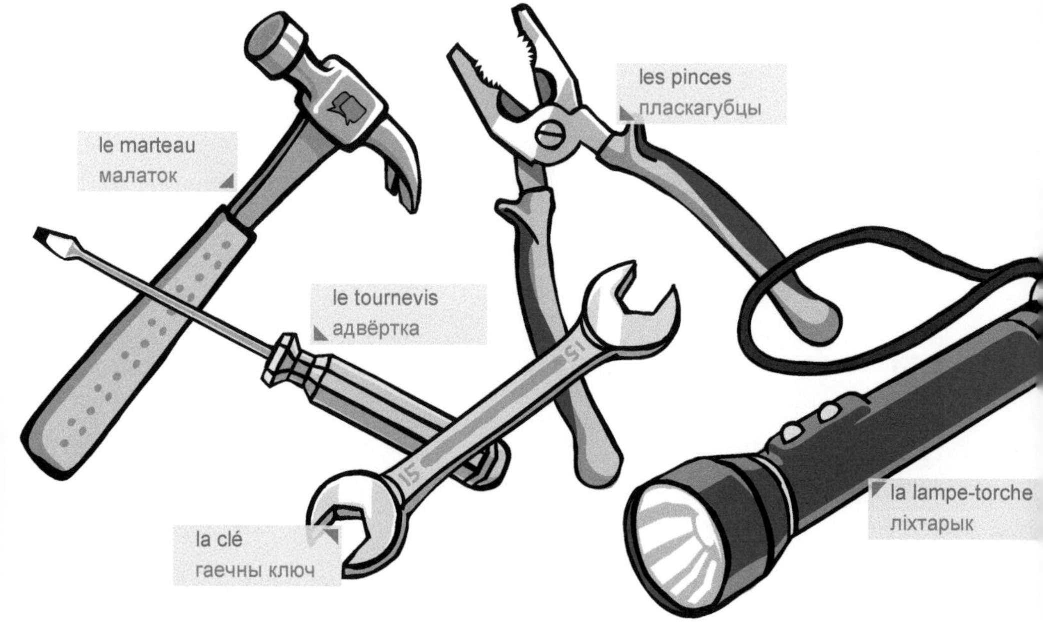

le marteau
малаток

les pinces
пласкагубцы

le tournevis
адвёртка

la clé
гаечны ключ

la lampe-torche
ліхтарык

l'excavatrice
экскаватар

la boîte à outils
скрыня для інструментаў

l'échelle
дравіны

la scie
піла

les clous
цвікі

la perceuse
дрыль

réparer
рамантаваць

la pelle
рыдлеўка

Tabarnouche !
Халера!

la pelle à poussière
шуфлік для смецця

le pot de peinture
вядро з фарбаю

les vis
балты

les instruments de musique
музычныя інструменты

la batterie — ударны інструмент
le haut-parleur — калонкі
la guitare — гітара
la contrebasse — кантрабас
la trompette — труба

le piano
піяніна

le violon
скрыпка

la basse
басгітара

les timbales
літаўры

le tambour
барабан

le synthétiseur
клавішны электрамузычны інструмент

le saxophone
саксафон

la flûte
флейта

le microphone
мікрафон

les instruments de musique - музычныя інструменты

le zoo
заапарк

- le tigre / тыгр
- l'entrée / увахoд
- la cage / клетка
- le zèbre / зебра
- la nourriture pour animaux / корм для жывёл
- le panda / панда

les animaux

жывёлы

l'éléphant

слон

le kangourou

кенгуру

le rhinocéros

насарог

le gorille

гарыла

l'ours

мядзведзь

le chameau
вярблюд

l'autruche
стравус

le lion
леў

le singe
малпа

le flamand rose
фламінга

le perroquet
папугай

l'ours polaire
белы мядзведзь

le pingouin
пінгвін

le requin
акула

le paon
паўлін

le serpent
змяя

le crocodile
кракадзіл

le gardien de zoo
наглядчык заапарка

le phoque
цюлень

le jaguar
ягуар

le zoo - заапарк

le poney
поні

le léopard
леапард

l'hippopotame
бегемот

la girafe
жыраф

l'aigle
арол

le sanglier
дзік

le poisson
рыбак

la tortue
чарапаха

le morse
морж

le renard
ліса

la gazelle
газель

le zoo - заапарк

les sports
спорт

les activités
дзейнасць

avoir
маць

faire
выконваць

être
быць

être debout
стаяць

courir
бегчы

tirer
цягнуць

jeter
кідаць

tomber
падаць

s'allonger
ляжаць

attendre
чакаць

porter
насіць

s'asseoir
сядзець

s'habiller
апранацца

dormir
спаць

se réveiller
прачынацца

les activités - дзейнасць

regarder

глядзець

pleurer

плакаць

caresser

лашчыць

peigner

прычэсвацца

parler

гаварыць

comprendre

разумець

demander

пытаць

écouter

чуць

boire

піць

manger

есці

ranger

прыбіраць

aimer

кахаць

cuisiner

гатаваць

conduire

ехаць

voler

лятаць

faire de la voile
плаваць пад ветразем

calculer
лічыць

lire
чытаць

apprendre
вучыць

travailler
працаваць

se marier
уступаць у шлюб

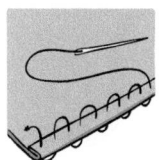
coudre
шыць

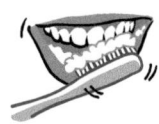
brosser les dents
чысціць зубы

tuer
забіваць

fumer
курыць

envoyer
пасылаць

la famille
сям'я

la grand-mère
абуля

le grand-père
дзядуля

le père
бацька

la mère
маці

le bébé
дзіця

la fille
дачка

le fils
сын

l'invité
госць

la tante
цётка

l'oncle
дзядзька

le frère
брат

la sœur
сястра

le corps
цела

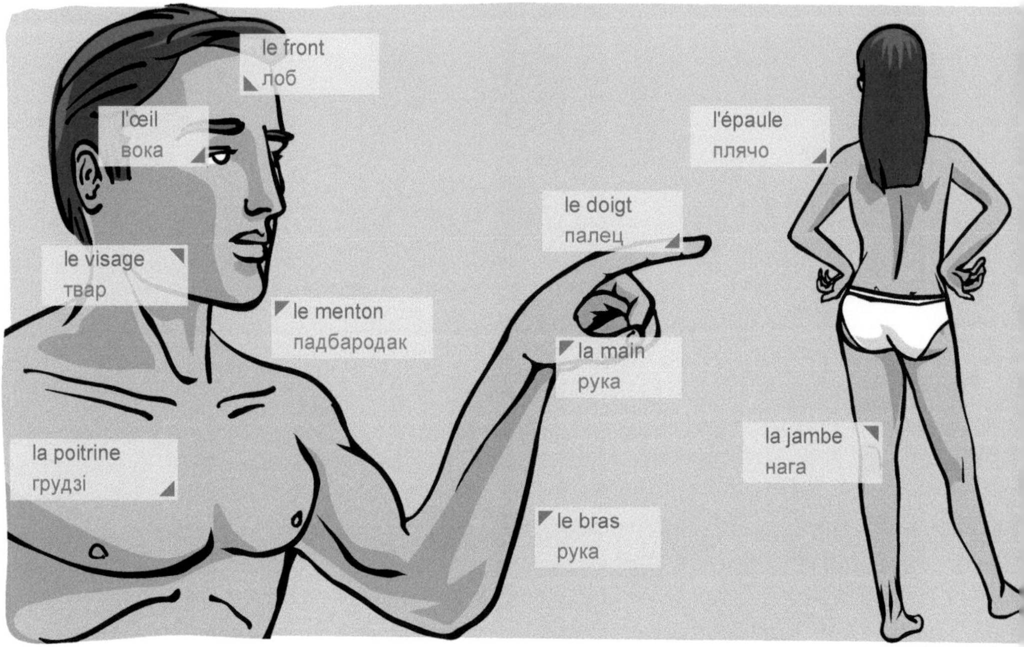

- le front — лоб
- l'œil — вока
- le visage — твар
- la poitrine — грудзі
- le menton — падбародак
- le doigt — палец
- la main — рука
- le bras — рука
- l'épaule — плячо
- la jambe — нага

le bébé
дзіця

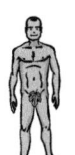

l'homme
мужчына

la femme
жанчына

la fille
дзяўчынка

le garçon
хлопчык

la tête
галава

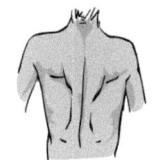

le dos
спіна

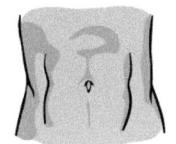

le ventre
жывот

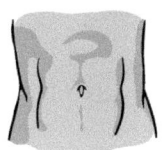

le nombril
пуп

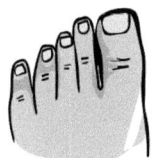

l'orteil
палец нагі

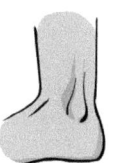

le talon
пятка

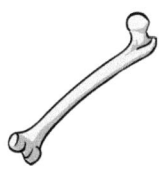

l'os
костка

la hanche
бядро

le genou
калена

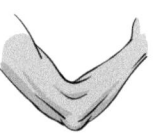

le coude
локаць

le nez
нос

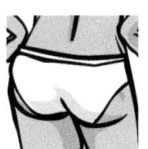

le derrière
ягадзіца

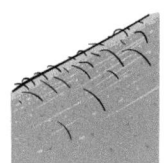

la peau
скура

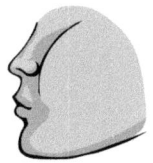

la joue
шчака

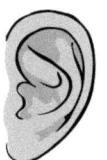

l'oreille
вуха

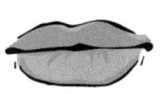

la lèvre
губа

la bouche
рот

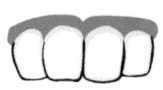
la dent
зуб

la langue
язык

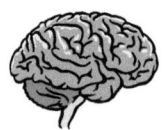
le cerveau
галаўны мозг

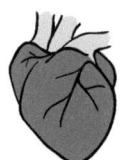
le cœur
сэрца

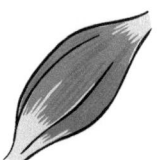
le muscle
мышца

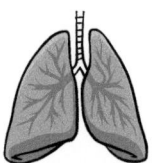
les poumons
лёгкае

le foie
пячонка

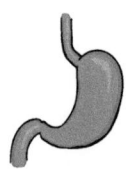
l'estomac
страўнік

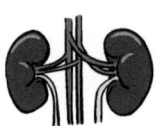
les reins
ныркі

le rapport sexuel
сэкс

le condom
прэзерватыў

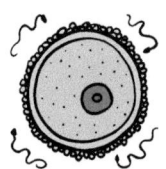
l'ovule
яйцаклетка

le sperme
сперма

la grossesse
цяжарнасць

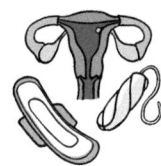
la menstruation
менструацыя

le vagin
похва

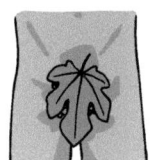
le pénis
пеніс

le sourcil
брыво

les cheveux
валасы

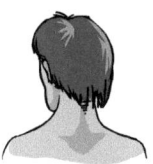
le cou
шыя

l'hôpital
шпіталь

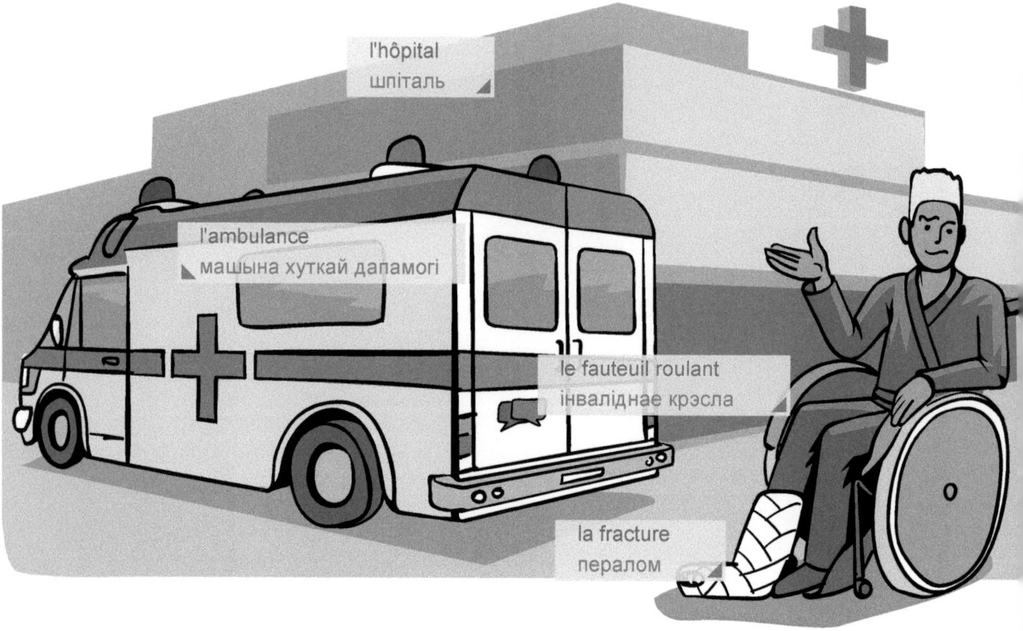

l'hôpital / шпіталь
l'ambulance / машына хуткай дапамогі
le fauteuil roulant / інвалідае крэсла
la fracture / пералом

le docteur
доктар

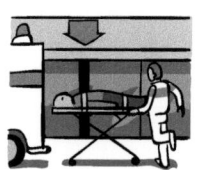

la salle des urgences
аддзяленне першай дапамогі

l'infirmier
медсястра

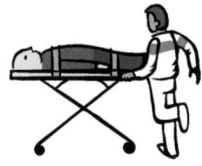

l'urgence
экстраная дапамога

inconscient
непрытомны

la douleur
боль

l'hôpital - шпіталь

la blessure

траўма

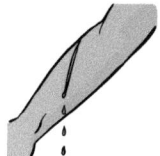

le saignement

крывацёк

la crise cardiaque

інфаркт

l'AVC

апаплексія

l'allergie

алергія

la toux

кашаль

la fièvre

гарачка

la grippe

грып

la diarrhée

панос

le mal de tête

галаўны боль

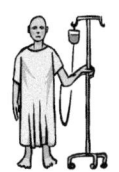

le cancer

рак

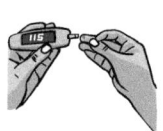

le diabète

дыябет

le chirurgien

хірург

le scalpel

скальпель

l'opération

аперацыя

l'hôpital - шпіталь

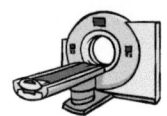
la tomodensitométrie
КТ

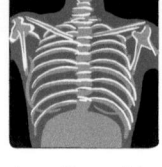
la radiographie
рэнтген

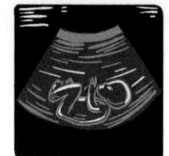
l'ultrason
ультрагук

le masque
маска

la maladie
хвароба

la salle d'attente
пачакальня

la béquille
мыліца

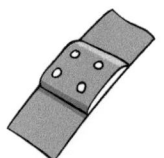
le sparadrap
пластыр

le bandage
бінт

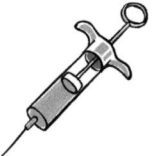
l'injection
ін'екцыя

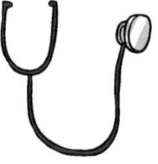
le stéthoscope
стэтаскоп

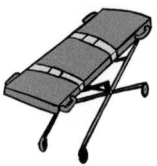
le brancard
насілкі

le thermomètre médical
градуснік

l'accouchement
нараджэнне

l'excès de poids
лішняя вага

l'hôpital - шпіталь

l'appareil auditif
слухавы апарат

le désinfectant
дэзінфекцыйны сродак

l'infection
інфекцыя

le virus
вірус

le VIH/ le sida
ВІЧ/СНІД

le médicament
лекі

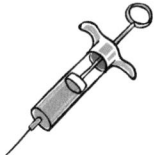
la vaccination
прышчэпка

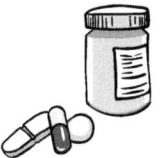
les comprimés
таблеткі

la pilule
супрацьзачаткавая таблетка

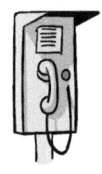
l'appel d'urgence
экстраны выклік

le tensiomètre
танометр

malade / en bonne santé
хворы / здаровы

l'hôpital - шпіталь

l'urgence
экстраная дапамога

Au secours !
Ратуйце!

l'alarme
сігналізацыя

l'assaut
напад

l'attaque
атака

le danger
небяспека

la sortie de secours
аварыйны выхад

Au feu!
Пажар!

l'extincteur
вогнетушыцель

l'accident
аварыя

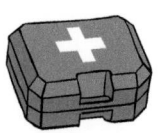

la trousse de premiers soins
аптэчка

SOS
СОС

la police
паліцыя

la Terre
Зямля

l'Europe

Еўропа

l'Amérique du Nord

Паўночная Амерыка

l'Amérique du Sud

Паўднёвая Амерыка

l'Afrique

Афрыка

l'Asie

Азія

l'Australie

Аўстралія

l'océan Atlantique

Атлантычны акіян

l'océan Pacifique

Ціхі акіян

l'océan Indien

Індыйскі акіян

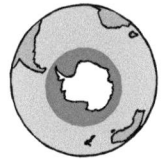

l'océan Antarctique

Паўднёвы ледавіты акіян

l'océan Arctique

Паўночны ледавіты акіян

le Pôle Nord

Паўночны полюс

le Pôle Sud	l'Antarctique	la Terre
Паўднёвы полюс	Антарктыда	Зямля

  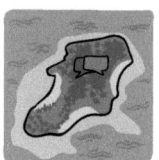

la terre	la mer	l'île
краіна	мора	востраў

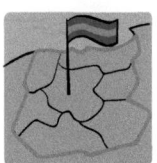 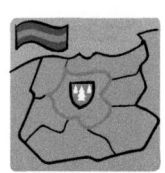

la nation	l'État
нацыя	дзяржава

l'heure
гадзіннік

le cadran

цыферблат

l'aiguille des heures

гадзінная стрэлка

l'aiguille des minutes

хвілінная стрэлка

l'aiguille des secondes

секундная стрэлка

Quelle heure est-il ?

Колькі часу?

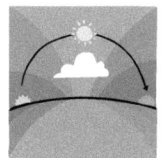

le jour

дзень

le temps

час

maintenant

зараз

la montre à affichage numérique

электронны гадзіннік

la minute

хвіліна

l'heure

гадзіна

la semaine
тыдзень

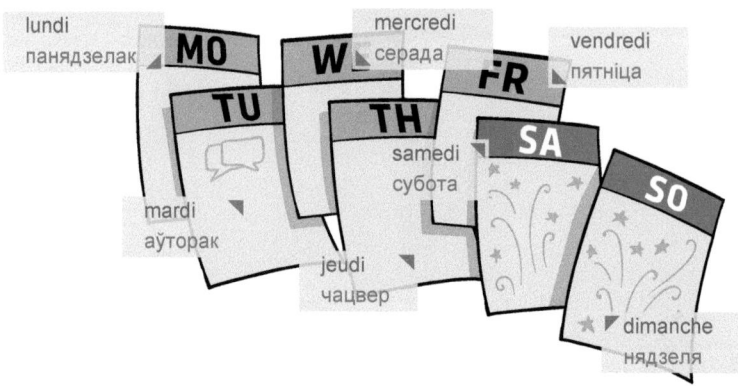

lundi
панядзелак

mardi
аўторак

mercredi
серада

jeudi
чацвер

vendredi
пятніца

samedi
субота

dimanche
нядзеля

hier
ўчора

aujourd'hui
сёння

demain
заўтра

le matin
раніца

le midi
абед

le soir
вечар

les jours ouvrables
працоўныя дні

la fin de semaine
выхадныя

l'année
год

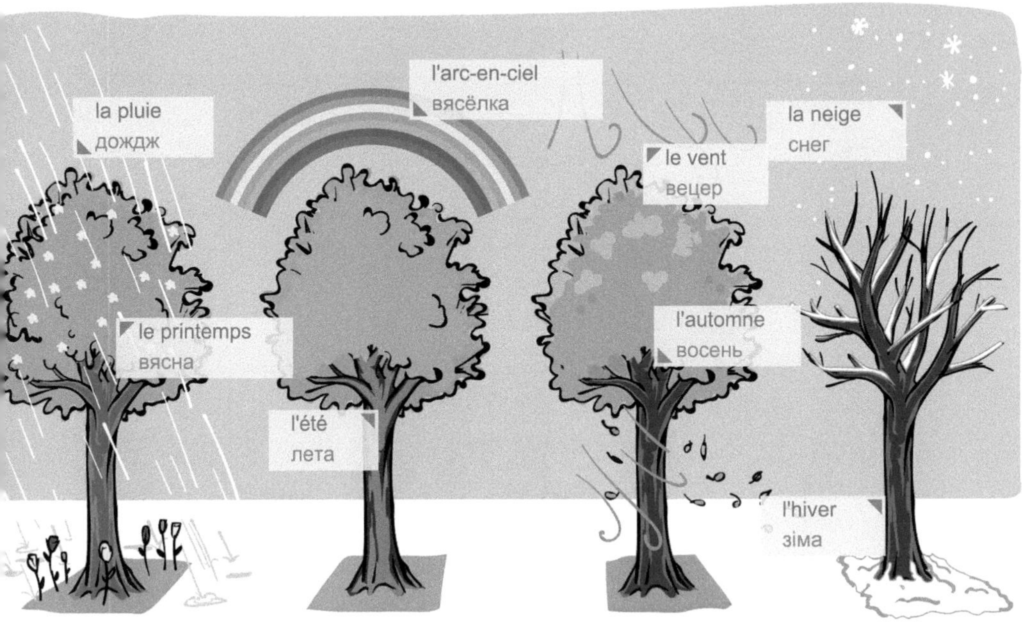

la pluie
дождж
l'arc-en-ciel
вясёлка
la neige
снег
le vent
вецер
le printemps
вясна
l'automne
восень
l'été
лета
l'hiver
зіма

4.APRIL 11°
5.APRIL 4°
6.APRIL 13°
7.APRIL 8°
8.APRIL 10°

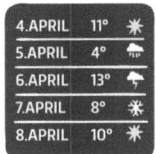

les prévisions météorologiques

прагноз надвор'я

F
C
120
90
60
30
0
-30
40
30
20
10
0
-10
-20

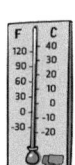

le thermomètre

градуснік

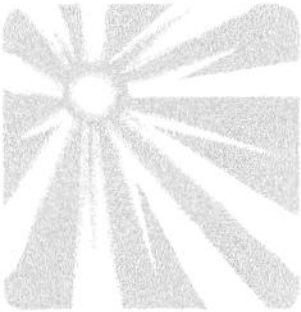

les rayons du soleil

сонечнае святло

le nuage

воблака

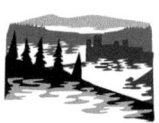

le brouillard

туман

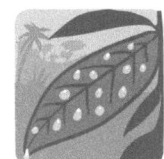

l'humidité

вільготнасць паветра

la foudre
....
маланка

le tonnerre
....
гром

la tempête
....
бура

la grêle
....
град

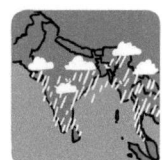

la mousson
....
мусонны вецер

l'inondation
....
прыліў

la glace
....
лёд

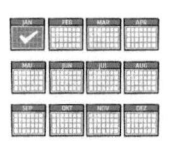

janvier
....
студзень

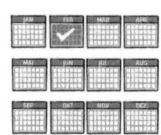

février
....
люты

mars
....
сакавік

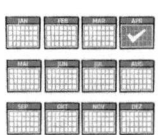

avril
....
красавік

mai
....
май

juin
....
чэрвень

juillet
....
ліпень

août
....
жнівень

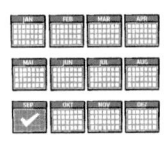

septembre

верасень

octobre

кастрычнік

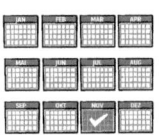

novembre

лістапад

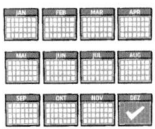

décembre

снежань

les formes
формы

le cercle

круг

le carré

квадрат

le rectangle

прамавугольнік

le triangle

трохвугольнік

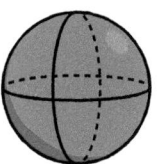

la sphère

шар

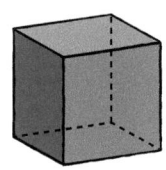

le cube

куб

les couleurs
колеры

blanc
белы

jaune
жоўты

orange
аранжавы

rose
ружовы

rouge
чырвоны

violet
фіялетавы

bleu
сіні

vert
зялёны

marron
карычневы

gris
шэры

noir
чорны

les opposés
супрацьлегласці

beaucoup / un peu
шмат / мала

en colère / calme
злы / добры

beau / laid
прыгожы / брыдкі

le début / la fin
пачатак / канец

grand / petit
высокі / малы

lumineux / sombre
светлы / цёмны

le frère / la sœur
сястра / брат

propre / sale
чысты / брудны

complet / incomplet
поўны / няпоўны

le jour / la nuit
дзень / ноч

mort / vivant
мёртвы / жывы

large / étroit
шырокі / вузкі

comestible / non comestible

ядомы / неядомы

méchant / gentil

злы / добры

être enthousiaste / s'ennuyer

узбуджаны / нудны

gros / mince

тоўсты / тонкі

le premier / le dernier

першы / апошні

l'ami / l'ennemi

сябар / вораг

plein / vide

поўны / пусты

dur / mou

цвёрды / мяккі

lourd / léger

важкі / лёгкі

faim / soif

голад / смага

malade / en bonne santé

хворы / здаровы

illégal / légal

нелегальны / легальны

intelligent / stupide

разумны / дурны

gauche / droite

левы / правы

proche / loin

побач / далёка

les opposés - супрацьлегласці

neuf / usagé

новы / былы ва ўжыванні

rien / quelque chose

нічога / нешта

vieux / jeune

стары / малады

marche / arrêt

укл / выкл

ouvert / fermé

адчынены / зачынены

calme / bruyant

ціхі / гучны

riche / pauvre

багаты / бедны

correct / incorrect

правільна / няправільна

rugueux / lisse

шурпаты / гладкі

triste / heureux

сумны / шчаслівы

court / long

кароткі / доўгі

lent / rapide

павольны / хуткі

mouillé / sec

вільготны / сухі

chaud / froid

цёплы / халаднаваты

la guerre / la paix

вайна / мір

les opposés - супрацьлегласці

les nombres
лічбы

0 zéro — нуль

1 un — адзін

2 deux — два

3 trois — тры

4 quatre — чатыры

5 cinq — пяць

6 six — шэсць

7 sept — сем

8 huit — восем

9 neuf — дзевяць

10 dix — дзесяць

11 onze — адзінаццаць

12 douze — дванаццаць

13 treize — трынаццаць

14 quatorze — чатырнаццаць

15 quinze — пятнаццаць

16 seize — шаснаццаць

17 dix-sept — сямнаццаць

18 dix-huit — васямнаццаць

19 dix-neuf — дзевятнаццаць

20 vingt — дваццаць

100 cent — сто

1.000 mille — тысяча

1.000.000 le million — мільён

les nombres - лічбы

les langues
мовы

l'anglais

англійская

l'anglais américain

англійская (Амерыка)

le chinois mandarin

кітайская мандарынская

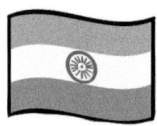

le hindi

хіндзі

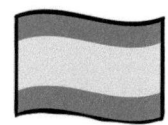

l'espagnol

іспанская

le français

французская

l'arabe

арабская

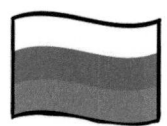

le russe

руская

le portugais

партугальская

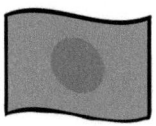

le bengali

бенгальская

l'allemand

нямецкая

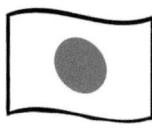

le japonais

японская

qui / quoi / comment
хто / што / як

je

я

tu

ты

il / elle / ce, c', cela

ён / яна / яно

nous

мы

vous

вы

ils / elles

яны

qui ?

хто?

quoi ?

што?

comment ?

як?

où ?

дзе?

quand ?

калі?

le nom

імя

où
дзе

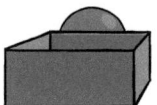

derrière

за

dans

у

devant

перад

au-dessus

над

sur

на

en dessous

пад

à côté de

каля

entre

паміж

l'endroit

месца